かわいい 女の子の トキメキ♡ なぞなぞ

小野寺ぴりり紳 著

JN013184

もくじ

イラスト　池田春香／沖野れん／にゃまそ／梶山ミカ／
　　　　　世鳥アスカ／永野つかさ（つかさ もも）／かわぐちけい
デザイン　佐々木麗奈
編集協力　坂口柚季野（フィグインク）
校正　　　鷗来堂

2

ひな

楽しい学校が始まるよ♪
みんなで勉強したり
あそんだりじゅうじつした
一日になりそう♥

れい

学校のあちこちに
なぞなぞがかくれて
いるみたいだよ！
全部とけるかなぁ？

みんなできょうりょくして
全ての問題をといてみよう！

そら

ゆうた

わくわく！学校のなぞなぞ

おはよう！朝の会が始まるよ

1
学校でいつでも
「きょう」から始まる
場所ってなぁに？

2
クラスにいる
先生はなん人かな？

おはよう！
宿題はやってきた？
きょうも一日
がんばろー！

学力アップ
きき手じゃない方の手で漢字の書き取り練習を
すると、はやく覚えられるよ！

③
教室にある
「29A」って
なあに？

④
先生が一日の
はじめにとるものって
なあに？

おまじない ピンクのペンをほかのペンと逆向きに筆箱に入れておくと、
じゅぎょうが楽しくなっちゃうかも♡

教室にあるなぞをとこう！

1

大きい子と小さい子が
ぐるぐる同じ場所で
おいかけっこしてる
ものってなあに？

2

お休みの人の
「せき」ってなあに？

じゅぎょうはまじめに
受けなきゃだけど
休み時間
まだかなぁ…

ミニクイズ
次の□には同じ言葉がはいるよ。なにかな？
□んど□かい

③
教室で
いつもたたかれている
「黒」ってなあに?

④
えんぴつや消しゴムを
まとめて
飲みこんじゃう
ものってなあに?

休み時間は外であそぼう！

わくわく！学校のなぞなぞ

① チョウチョがおじぎする「台」ってなあに？

② てつぼうの中にあるわれやすいものってなあに？

③ 校庭にあって「トラ」がついているものってなあに？

はれた日は外で思いっきりあそべてきもちいいね！

④ プードルが
どわすれしちゃった
場所ってどこかな？

⑤ 校舎の入口にある
「カン」ってなあに？

⑥ くらに「さ」が
ついたら
お花がさいたよ。
なんのお花かな？

⑦ 「3ー2ョゥ」って
どんな木かな？

⑧ 「かいだん」から
一文字とったら
花がさいたよ。
なぜかな？

6-7ページの
こたえ

① 時計　② 欠席　③ 黒板（黒バン！）
④ 筆箱

9

黒板にのこされたなぞをとこう！

黒板になぞのことばが書かれていたよ。
なんて書いてあるのかわかるかな？

1 のヒント：らく書きに注目！

2 のヒント：先生が書いた文字に
いたずら書きをされちゃったみたい

先生はなんで
書いたんだろう？
みんなで
考えてみよう！

7　イチョウ（3－2は「イチ」）

8　「かだん」になったから

8-9ページの こたえ

1 朝礼台（ちょうれいだい）　2 つぼ（てつぼう）　3 トラック
4 プール　5 玄関（げんかん）　6 さくら

わくわく！学校のなぞなぞ

おいしい♥楽しい♪給食の時間

① 食べられる
白いイスって
なあに？

② 取れと命令される
食器ってなあに？

と　れ

食べたら
ねむくなっちゃうから
運動も
しようかなぁ…

学力アップ　じゅぎょうで書いたノートをお家で書き直すと、
テストの点がアップするよ♪

12

③ すいとうに
よごれがついたら
水がたくさん
出てきたよ。
なぜかな?

④ ロープが
入っているサラダは
なにサラダかな?

おそうじで教室をピカピカに★

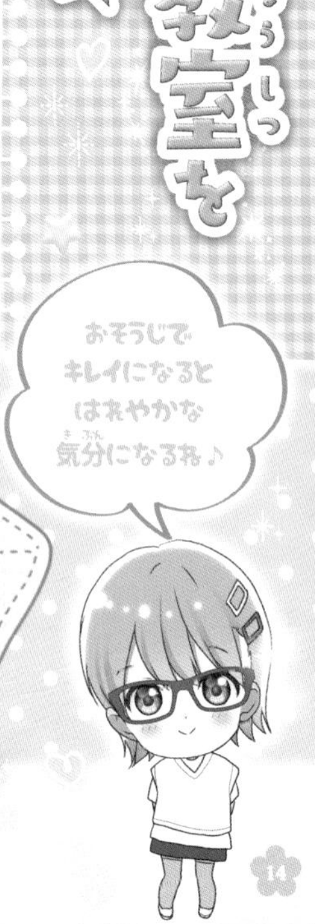

おそうじで
キレイになると
はれやかな
気分になるね♪

1
床に落ちている
「みみみみみ」って
なあに?

2
いらないものばかり
いれておく
箱ってなあに?

3
バツの間に毛が
はえたものって
なあに?

⑥
そうじをしていると
あらわれる「ワシ」って
なあに？

④
ぞうきんでふく
「４５０」って
なあに？

⑤
ほうきで千回
はきたくなるのは
なあに？

⑧
きれいずきな
もじゃもじゃの
かみの毛って
なあに？

⑦
ほうきを使って
いるとあらわれる
「トリ」ってなあに？

1 ライス　　2 トレー　　3 水道(「すいとう」が
「すいどう」)になったから　　4 ツナ(＝ロープ)サラダ

わくわく！学校のなぞなぞ

体育はバスケでしんけん勝負！

① 試合にいつもいる「パン」ってだれかな？

② 体育館のゆかに書いてある服ってどんな服かな？

とってもいい勝負だよ！
二人ともがんばネー！

7 ちりとり　8 モップ

③
使うボールを
二つから選ぶ
きょうぎってなあに？

④
底がないからなにも
入れられず、みんなが
とびこえていってしまう
箱ってなあに？

絵文字なぞなぞ全部読めるかな？

なんて漢字かな？
文字のとくちょうに
注目してみてね

①

この漢字って
なあに？

②

この漢字って
なあに？

心理テスト 「海」という言葉を聞いて、パッと思いうかぶのは次の中のどれ？
❶ 水の手ざわり　❷ 青さ　❸ 波の音

18

③ この漢字って
なあに？

④ この漢字って
なあに？

16-17ページの
こたえ

1 審判　2 コート　3 ドッジ（どっち）ボール
4 とび箱

わからないところは図書室でしらべよう

1
本にいるウシってどんな「ウシ」かな？

2
本にはさむ「おり」ってなあに？

3
図書室に行ったらおかしが出てきたよ。なぜかな？

本はいろいろなことを知れてわくわくするから好きなんだ

④

本を読むときに
めくるのは
どんな「じ」かな？

⑤

本にだきついている
動物ってなあに？

⑥

本は本でも
本物ではない
「本」ってなあに？

⑦

みんなが上に
乗っちゃう
「本」ってなあに？

⑧

いつも
はずかしそうに
本の中にいるのって
なあに？

下校の時間だよ
はやく帰ろうね！

1

下校時間にいる
生きものって
なあに？

2

帰り道に
食べるくさって
どんな「くさ」かな？

またあとで集合な！
気をつけて
帰れよ！

5 カバ（ブックカバー）　**6** 見本　**7** 台本

8 文字（もじもじしている）

22

③
登校のときには
なかったのに、
下校のときにはある
道ってなぁに？

④
友だちとわかれるときに
あらわれる「たね」って
なぁに？

◀ こたえは27ページ

23

20-21ページの
こたえ

1 表紙 (ひょウシ) 2 しおり
3 貸し (菓子) 出しをしていたから 4 ページ

ひなちゃんの家でまち合わせ♪

わたしはお家に帰ってからおかしを買って、
ひなちゃんのお家に行くよ♪
ひなちゃんはまっすぐお家に帰って待っててね！
それぞれ START から GOAL にむかってね！

GOAL

みんなで宿題を終わらせよう！

1

あながあきそうな
宿題ってなあに？

2

漢字をおぼえるときに
あらわれる「トリ」って
なあに？

3

どんなにきれいに
ぬろうとしても
むらがある色って
なあに？

むずかしい
問題も
落ち着いてとけば
わかるよ！

学力アップ　みどり色の紙に、青い色のペンで文字を書くと、
きおく力がアップするよ！

④
算数の
問題をとくのは
なにさんかな？

22-23ページの
こたえ

1 カエル　2 道草　3 帰り道　4 またね

27

わすれものは なあに？

ろうかにわすれもののはり紙があったよ！
でもわすれものの名前が二文字ずつ
入れかわっちゃってるみたい…
わすれものはなんて書いてあるのかな？

【 わすれもののお知らせ 】

① きたしじ　③ しょうかきょ

② カンハチ　④ ルンドセラ

持ちぬしはしょくいん室まで
取りにきてください。

わすれものはなんだろう？
はやく持ちぬしのところに
もどるといいね！

こたえは157ページ

28

第2章 ときめき！お花のなぞなぞ

さつき

お花がたくさんさくのって
とってもすてきなことね♪
季節ごとのもよおしの中にも
なぞがあるみたいだよ！

みな

イベントにかくれた
なぞなぞもみんなでとけば
わかると思うの！春夏秋冬の
けしきや行事を楽しみながら
こたえましょう♥

やよい

全部のなぞなぞが
わかるかな？
やってみよう！

ときめき！お花（はな）のなぞなぞ

楽（たの）しいパーティーをひらこう！

お花を見（み）ながら
おいしいものが
食（た）べられるのって
最高（さいこう）♡

① 「39らの873」って
なぁに？

② さくらがさいたら
海（うみ）の生（い）きものと
まちがえられたよ。
それってなぁに？

おまじない
つぼみの花（はな）をいけた花びんに、青（あお）いリボンを結（むす）んで
部屋（へや）においておくと、花がさくころに願（ねが）いがかなうよ！

③

さくらを見に行くときにもっていく「10ばこ」ってなあに？

④

体の中で植物みたいにかれちゃうところってなあに？

◀こたえは35ページ

26-27ページのこたえ

1 ドリル　2 かきとり　3 むらさき
4 計算

たくさん集めて！花びらめいろ♡

ときめき！お花のめいろ

スタート

こたえは157ページ

ときめき！お花のなぞなぞ

あじさいが
きれいにさいたよ！

1 雨がふりそうなときに
あらわれる
「もり」ってなあに？

2 勝ったり負けたり
している花って
なあに？

3 家族でかさを
持っているのは
だれかな？

4 「雨よ」って
言ってるけど、
雨じゃないものって
なあに？

梅雨の
ジメジメ気分も
きれいなお花で
楽しくなるわ♪

おまじない
左手の人差し指にゆびわをはめると、
積極的に行動するゆうきがわいてくるよ♪

6 雨（あめ）の日（ひ）によく見（み）る「まり」ってなあに？

5 雨（あめ）ってどんな味（あじ）がするかな？

7 空（そら）に橋（はし）がかかるのはなん時（じ）かな？

9 まどべにつるされるおぼうさんってなあに？

8 「長（なが）っっっっっっっっっっっっ」ってなあに？

10 雨（あめ）の日（ひ）にやくにたつようかいってなあに？

30-31ページの こたえ

1 さくらのはなみ
2 貝（かい）（貝（かい）か＝開花（かいか））
3 重箱（じゅうばこ）
4 のど

35

ときめき！
お花のなぞなぞ

満開！ひまわり畑でぱしゃり★

1
ハンバーグと花の共通点ってなあに？

2
お手紙を送るときに、相手につける季節ってなあに？

楽しいひまわり畑の思い出をのこそう！
はい、チーズ★

③
夏にとつぜん
雨がふってくる
「たち」ってなぁに?

④
遠くのものは
よく見えるようになるけど、
近くのものは
見にくくなるものって
なぁに?

ときめき！お花のなぞなぞ

秋はみんなでお散歩しよう♥

1 山をまっかにした「じ」ってなあに？

2 「だぢづでど」を「だぢづべど」にしてしまう木ってなあに？

芸術にスポーツ
音楽…秋を
めいっぱい
まんきつしようね！

 ミニクイズ　小さな一文字を入れると食べられる季節ってなあに？

④
あるのにないって
言われる
秋のくだものって
なあに？

③
おくさんがいる
「イモ」ってなあに？

36-37ページの
こたえ

1 タネがある 2 夏（＝サマー） 3 夕立

4 望遠鏡、双眼鏡

ときめき！お花のなぞなぞ

のんじり お月見タイム

1
「ややややややややややややや」って なあに？

2
すすのついた 植物ってなあに？

3
すぐにきょうみが なくなっちゃう 季節ってなあに？

満月の夜は 月のうさぎが よく見えて かわいいよね

④ だんごが得意な
ダンスってなあに?

⑤ つきはつきでも、
その先にはすすめない
「つき」ってなあに?

⑦ つきはつきでも、
同じ紙をたくさん
コピーできる
「つき」ってなあに?

⑥ つきはつきでも、
うさぎがとくいな
「つき」ってなあに?

⑧ つきはつきでも、
赤ちゃんのころから
ずっとその人にある
「つき」ってなあに?

38-39ページの
こたえ

1 もみじ　　2 かえで(変え「で」)　　3 サツマイモ
4 なし

お楽しみの
クリスマス♪

1
なのつく都会の
動物ってなあに？

くろだよ

2
サンタさんが
持っている、白だけど
黒いものって
なあに？

みんな
いい子にしてた？
サンタさんからの
プレゼントは
なにかな？

7 印刷機　8 生まれつき

③
しずかで
物音のしない
「そり」ってなあに？

④
マッサージが得意な
木ってなあに？

40-41ページの
こたえ

1 十五夜（15や）　　2 すすき　　3 秋（あきる）

4 タンゴ　　5 つきあたり　　6 もちつき

43

ひんやり雪が降ってきた!

ときめき! お花のなぞなぞ

1 中に人が入れるつめたい「まくら」ってなあに?

2 こおりの上でつく「もち」ってなあに?

3 寒い冬の海にうかぶ「ヒョウ」ってなあに?

けっしょうがキラキラ光ってるよ!寒くても心があったまるね♪

しょうらいのゆめを書いた紙でツルを折って持っていると、夢がかなうよ♪

44

4 地面にあなをほって
かくしたくなる
木の実ってなあに？

5 大雪の中に
ある「ぶき」って
なあに？

6 雪がつもったら
始まる戦いって
なあに？

7 売れないだろうと
言われてしまう
冬のやさいってなあに？

8 寒いと上から
下にのびて、
暑いと下から
短くなっていく
ものってなあに？

42-43ページの
こたえ

1 トナカイ　　2 ふくろ　　3 ひっそり

4 もみの木

ときめき！お花のなぞなぞ

① 年に二度！女の子のお祭り♪

おひなさまの
うしろにある金色の
「びょう」ってなあに？

おだいりさまと
おひなさま
二人とも
にあってるね！

2 ひな祭りの
ときだけ見られる
「はやし」ってなあに？

3 ひな祭りの日に
ひっしに持っている
食べものってなあに？

4 紙にはさまっている
すしってなあに？

◀ こたえは50ページ

44-45ページの
こたえ

1 かまくら　　2 しりもち
3 流氷　　4 梅（埋め）　　5 ふぶき

47

ときめき！お花のなぞなぞ

わたしの誕生花はなあに？

誕生月ごとにお花が決まってるんだって！みんなはどのお花？

1 みんなの洋服についている花ってなあに？

2 みんながほめてくれる植物ってなあに？

7月：ポピー　8月：ガーベラ　9月：ダリア
10月：コスモス　11月：シクラメン　12月：ポインセチア

3
スイスの山で
花がさく「イス」って
なあに?

4
さかさまにすると
アリがみつかる
花ってなあに?

◀こたえは51ページ

1月：スイートピー　2月：マーガレット　3月：フリージア
4月：カスミソウ　5月：スズラン　6月：ユリ

49

ときめき！お花のなぞなぞ

この絵はなんのお花かな？

全部お花の名前になってるみたい…わかるかしら？

1 これってなあに？

ラン♪
ラン♪

2 いつも最後にのこってしまう「リス」ってなあに？

46-47ページの
こたえ

1 びょうぶ　　2 五人囃子（ごにんばやし）　　3 ひしもち

4 ちらしずし

50

３ これってなぁに？

４ 黄色い頭が白くなって最後には毛がぬけ落ちちゃうものってなぁに？

◀ こたえは57ページ

48-49ページの こたえ

1 ボタン　　2 稲（「いーねー！」と言ってくれる）
3 エーデルワイス　　4 ダリア（「アリだ」）

ときめき！
お花のえさがし

同じ花束をさがして！

やよいちゃんと
みなちゃんにあげる
まったく同じ花束を
さがしてね！
どれとどれかわかるかな？

52

あや

ものがたりに
登場する女の子って
あこがれちゃう♥かわいい
お洋服にすてきなアイテム…
どれもキラキラしているね♪

みか

みんなはどの
ものがたりがすき？
いろんなものがたりの
役になりきってなぞなぞを
といてみよう！

なりたい役がいっぱい
あるよ！かわいい世界を
みんなでまんきつしようね♥

もも

りつ

白雪姫と森のおさんぽ♪

1

どんなことでも
まねしてみせるけど、
なにをやっても
ぜったいに音は出さない
ものってなあに？

2

小さな子どもの
おせわをするときに
あらわれる
「もり」ってなあに？

みんなでなかよく
森であそぶの
とっても楽しそ〜！

本当のどうわ　白雪姫がたおれた原因はりんごのどくではなくて、
りんごをのどにつまらせたからなんだって！

56

たくさんご飯を入れたあと
おちゃわんにあらわれる
「もり」ってなあに？

4
ふつうのりんごと
どくりんご、
すぐにその場から
いなくなるのは
どっちかな？

50-51ページの
こたえ

1 スズラン　　2 アマリリス　　3 ヒナギク
4 タンポポ

ふしぎの国はなぞがいっぱい！

1
トランプについている
大きな矢って
どんなマークかな？

2
へいたいが持っている、
横にしても
横じゃないと言われる
ものってなあに？

3
ジョーカーがいる
町ってどこかな？

トランプの中には
なぞが
かくされてる
みたいだよ！

A♣

Q♥

4 「ばばば」って書いてあるトランプってなあに？

5 まだいたんでもいないのに着れ(き)なくなった服(ふく)ってなんさいかな？

6 紙(かみ)でできている、すみがのびたものってなあに？

7 タイヤがよごれたら、ピカピカに光(ひか)ったよ。なにになったのかな？

8 お金(かね)をたくさん使(つか)えるときにほしいスイーツってなあに？

こたえは62-63ページ

59

56-57ページのこたえ

1 かがみ　2 子守(こもり)　3 大盛(おおも)り

4 どくりんご（「どく」りんごだから）

かがみの世界の
ひみつを発見！

細かいところまで
よく見てさがして
みましょう！

かがみ合わせの
左の絵には
10こまちがいが
あるんだって！全部
わかるかな？

こたえは158ページ

キラキラ！ものがたりのなぞなぞ

いそいで！シンデレラ

1
終わりがない
「ドレス」って
なあに？

2
左右に
ひっぱったら
さけんだのは
だれかな？

約束の時間に
なっちゃうよー！
はやくはやく!!

6　カード（すみ＝かどがのびた）　　7　ダイヤ

8　ケーキ（景気がいい）

62

植物を
ダメにしちゃう
黒い鳥って
なあに？

④

おしろの下じきに
なっている
「カキ」ってなあに？

63

1 ダイヤ（大矢）　**2** たて　**3** 城下町
4 クローバー（＝３つば）　**5** 小さい

おしろによばれしちゃった！

おしゃれな
おしろぐらしって
あこがれちゃう♥

1
これってなあに？

2
こおってしまう飲みものってなあに？

3

おじいちゃんが
「あ〜」と言(い)いながら
すわるものって
なあに?

4

これってなあに?

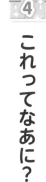

62-63ページの
こたえ

1 エンドレス　　2 姫(ひめ)(ひめー)　　3 カラス(枯(か)らす)
4 石(いし)がき

はなやか
ダンスパーティー♪

1

小さくても
ねだんの高い
「せき」ってなあに？

ぶとう会で
楽しくおどれば
王子さまとの
きょりも近づくね

心理テスト　動物になるまほうをかけられたおひめさまがいるよ。
まほうがとけたのは何才のときかな？

66

2

展望台から見るのは
どんな「しき」かな?

3

リングがきらいな
人がつけている
アクセサリーって
なあに?

4

悪い人が二人で
おどるダンスって
なあに?

1 プリンス **2** こうちゃ(こおっちゃう)
3 ソファー(祖父「あー」) **4** カーテン

キラキラ！ものがたりのなぞなぞ

海に住むマーメイドたち

1

正座をしていたら
足にあらわれる
「ヒレ」ってなぁに？

2

小学校に通っている
「ウニ」はなん年生かな？

水中をひらひら
ふわふわ
気持ちよさそうに
泳いでるね

海辺でずっと
行ったりきたり
しているものって
なぁに？

海の水をなめたら
パイの味がしたよ。
どんな「パイ」かな？

1 宝石　　2 けしき　　3 イヤリング（いや・リング）
4 ワルツ（悪ツー）

なぞのお手紙がとどいたよ！

しも　　なか
す　きなこ
おゃ　をらきす。
ひ、　　ね。
まてよ

とどいた手紙がうまく読めないの…
二枚いっしょに読むみたいなんだけどわかるかな？

おまじない
気持ちがしずんちゃったときは指で空中に
「×」を書くと、元気が出てくるよ！

68-69ページの こたえ

1 しびれ　2 小学二年生（しょウニ）　3 波

4 しょっぱい

ようせいさんからのちょうせんじょう！

ようせいさんから
聞いたなぞなぞ
いっしょに考えて
ほしいの！

1

空飛ぶ「タル」って
なあに？

2

ちぢっ

赤い顔をして
時間がたつと
短くなるものって
なあに？

（2枚の手紙を重ねると、あいているところの文字が
つながってこたえの文章になるよ）

72

3

道にならんで
立っていて、
暗くなると
明るくなるものって
なあに?

ふう

4

木にとまる
「つき」ってなあに?

あしたもりのなかのすてきなこやで、おちゃかいを
ひらきます。ぜひ、きてね。まってるよ!

なりきり！まじょの集会

ちちんぷいぷい♪
まほうで
ふしぎなことを
起こしちゃおう☆

1

ネズミを追いかけたら、部屋のどこへ行くかな？

2

おこったまじょにまほうをかけられたら、なにをするのにも時間がかかるようになってしまったよ。なぜかな？

③
二台の馬車が
水たまりを走ったら
どんな音がするかな？

④
目をとじたまま
見るものって
なあに？

キラキラ！
ものがたりの
えさがし

気になった
ドレスのデザインが
左の4つなんだけど
どのドレスだったかしら…
絵の中から
さがしてみてね！

フエとアリ
（「ようせい」を英語で「フェアリー」というよ）

◁ こたえは158ページ

74-75ページの
こたえ

1 中央（チュー追う）　2 「のろい」だから（のろくなる）

3 バシャバシャ　4 ゆめ

キラキラ！ものがたりのなぞなぞ

おいしいお家をまんきつ！

1
ほしがると
おならが出てしまう
スイーツってなあに？

2
まんなかが
食べられない
スイーツってなあに？

あまーいおかしが
お家になってる
なんて
ゆめみたい♡

本当のどうわ
ヘンゼルとグレーテルに出てくるおかしの家は、
もともとパンの家だったんだって！

78

③
おいわいのときに
音が鳴らせそうな
おかしってなあに？

④
ぬれていなくても、
ぬれてしまいそうな
おかしってなあに？

こたえは83ページ

おまじない　自分の生まれ年のコインを持っていると
幸運がおとずれるよ！

79

食べたケーキはどれかな？

ケーキ屋さんが開店記念でとくべつ価格になっていたから、みんなへのおみやげに3つ買ったよ！
全部ちがうしゅるいにして合計は410円だったの！
どのスイーツを買ったかわかるかな？

エクレア
120円

ショートケーキ
130円

シュークリーム
100円

プリンアラモード
160円

モンブラン
140円

ロールケーキ
200円

どの組み合わせだと
ピッタリなのかしら…？それに
してもどれもおいしそうだわ♪
ももちゃんありがとう！

◁ こたえは158ページ

第4章 ドキドキ！ おしごとの なぞなぞ

はづき

しょうらいの
ゆめってなあに？
わたしはファッションに
かかわるおしごとが
きになってるんだ！

いずみ

ぼくは今ユーチューバーに
なりたいな！でも…
ショップ店員や役者も
楽しそうだからどれか一つに
決められない…！

めい

それならこれからみんなで
いろんなおしごとを
たいけんしてみようよ！

キラキラ★アイドルになっちゃった!

ドキドキ！おしごとのなぞなぞ

1
小さな声で話しても
大きな声になってしまう
ものってなあに？

2
音楽に合わせて
動き回る「トリ」って
なあに？

かわいい洋服で
歌っておどる
アイドルって
あこがれちゃう♥

心理テスト
真っ白の紙にすきな文字を書いてみて。どんな風に書いた？
❶ ひらがな・カタカナ　❷ 漢字

④
ぶたいといったら
なんじかな？

③
アイドルが
歌を歌う
ショーをやるのは
なん曜日かな？

さつえいげんばにせんにゅう！

1 暗（くら）いところで
見（み）る「ガ」ってなあに？

2 小（ちい）さくて
きんぞくでできた
「セット」ってなあに？

はいカット！
ドラマのさつえいは
かんとくも楽（たの）しいな！

心理（しんり）テストのけっか

アイドルのそしつがわかるよ
1 元気（げんき）なアイドル向（む）き **2** トークがとくいなタレント向（む）き

③

スターがあびる
「イト」ってなぁに？

④

名前もとしも
ウソをついている
人ばかりなのに、
みんな楽しそうに
見ているよ。
どうしてかな？

◀ こたえは 89 ページ

Scene
4 -85

82-83 ページの
こたえ

① マイク ② おどり ③ 火曜（歌謡ショー）
④ ステージ

左の写真には
まちがいが
6こあるみたい…
どこか
わかるかな？

いいステージ
だったね！
写真をもらって
きたけど…あれ？

Cute!

Good!

すてきな洋服をつくるおしごと

① 先がとがったり
丸くなったりを
くり返しながら
短くなるものってなあに？

② 開いたり
とじたりすると
紙や布が切れていく
ものってなあに？

モデルに一番
にあうデザインって
どんなのだろう…？

③ デザイナーさんが
紙にかく
「ケチ」ってなあに？

④ いつもきれいに
してくれるけど、
ごみも出してしまう
ものってなあに？

84-85ページの
こたえ

1 映画　2 ピンセット　3 スポットライト
4 お芝居だから

わたしのすきな
スイーツはどれ？

パティシエをしているわたしが
すきなスイーツはなんだと思う？
絵にかかれているスイーツの名前を、
左のお皿からえらんで消してね。
のこった文字をうまくならべかえると
こたえがわかるよ！

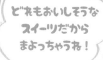

どれもおいしそうな
スイーツだから
まよっちゃうね！

ミニクイズの
こたえ　　イタリア

90

も	か	ー	と	く	ー

ん	ー	ろ	ぶ	き	ゅ

し	む	ま	り	ー	ら

け	ょ	ん	し	ん	★

88-89ページの こたえ

1 えんぴつ　2 はさみ　3 スケッチ
4 消しゴム

ぐあいが悪くなったら…

1
歯医者さんにいる
動物ってなあに？

2
さつはさつでも、
病院でみてもらう
「さつ」ってなあに？

3
病院であきカンを
ゴシゴシ洗っている
人ってだれかな？

ケガをしたり
気分がよくない
ときはむりしちゃ
ダメだよ

おまじない
白いノートに黒のペンで「○○になった」と
かなったようにお願いを書くと、現実になるよ！

92

④
病院でみんなが
みにつけている
「くい」ってなあに?

⑤
いつもさがしものを
しているのは、
なに科のお医者さんかな?

⑥
ひいたりふいたり
するものってなあに?

⑦
きょくはきょくでも、
くすりをもらえる
「きょく」ってなあに?

おくすり

⑧
どくはどくでも、
きずぐちにつける
「どく」ってなあに?

90-91ページの
こたえ
シュークリーム(「もんぶらん、まかろん、しょーとけーき」
の文字を消してね)

93

あこがれの
先生になりたい！

勉強は人に
教えると、自分も
おぼえることが
できるよね！

1

この漢字ってなぁに？

6×

2

学校で三回
かねがなる日って
なぁに？

カンカンカン

6 かぜ 7 薬局 8 消毒

94

③

小学生がくると
ひらくドアって
なあに?

④

これってなあに?

92-93ページの
こたえ

 シカ（歯科）　2 しんさつ　3 看護士（カンゴシ）
4 白衣　5 内科（いつも「ないか？」とさがしている）

みんなでなかよくあそぼう！

ドキドキ！おしごとのなぞなぞ

①
楽しそうな
「あいうおお」って
どんな顔かな？

②
目やしっぽが
ある「クルミ」って
なあに？

小さい子がわらってくれるとすごくうれしいな♪

 心理テスト　曲がり角でおとなの女性とぶつかったよ。その人の外見やぶつかった後の対応はどうだったかな？

96

④
古（ふる）いおかしって
なぁに？

③
ラッコににていて、
一人（ひとり）ではできない
ものってなぁに？

アパレルショップでコーディネート

1 お茶を飲むときに着るのはどんなシャツかな？

2 よろこんで着るのはどんなシャツかな？

3 あながあいているのはどんなシャツかな？

最新のとっておきコーデを教えてあげちゃうよ★

心理テストのけっか　その人は、未来の自分のすがただよ　あなたはどんな女性になっているかな？

98

着ていてもたいてい見えない服ってなあに？

家に帰ったときに出てくる「えり」ってなあに？

つけると動けなくなってしまうベルトってなあに？

しあわせなきもちになる服ってなあに？

教えるのがじょうずな服ってなあに？

96-97ページのこたえ
1 笑顔（「え」が「お」）　2 ぬいぐるみ　3 だっこ
4 むかし

ドキドキ！ おしごとのなぞなぞ

ゆめひろがる！ マンガ家の世界

1
インクはインクでも
目
め
を使
つか
う
「インク」ってなあに？

2
「ま」が4つ
かいてある
マンガって
なあに？

マンガって
いろんな道具
どうぐ
を
使
つか
うのね！
おもしろいわ！

③
お絵かきするのに
使う「バス」って
なあに?

④
紙をまとめる
九つのくちびるって
なあに?

1 ティー(=お茶)シャツ　　2 ワイ(わーい)シャツ
3 ポロシャツ(入れたものがポロっと落ちてしまう)

ドキドキ! おしごとのなぞなぞ

はじめまして！ユーチューバーデビュー

① パソコンの近くにいる生きものってなあに？

② 急に人気が増えているしょうってどんな「しょう」かな？

なぞなぞ動画をはいしんするよ！おもしろかったらとうろくしてね★

ミニクイズ
ユーチューバーはウェブ上に、生徒は学校へしていることってなあに？

102

NazoTube

③
手のひらの中で
世界のことがわかる、
まほう使いじゃなくても
使えるまほうってなあに？

④
世界中と
つながる
あついお湯って
なあに？

▶ ⏸ ⏭ 🔊)) 6:48/10:02

100-101ページの
こたえ

① ウインク ② ４コマ（４こ「ま」）マンガ
③ キャンバス ④ クリップ（９リップ＝くちびる）

おしゃれはかみから はじめよう！

① シャンプーしたあと
かみの毛にかける
「す」ってなあに？

② いやだけど、
かみの毛がかわく
べんりなものって
なあに？

ヘアメイクは
まかせて！
バッチリ
整えちゃうよ！

よやくが
とくいな人って
どんな人かな？

かがみのまんなかに
かくれている虫って
なあに？

Street
Happy
Berry
Sweet

こたえは109ページ

102-103ページの
こたえ

1 マウス（ねずみ）　　2 急上昇（きゅうじょうしょう）

3 スマホ（すまほう）　　4 インターネット（熱湯）（ねっとう）

売れたものはどれかな？

アクセサリー屋さんで開店する前の売り場と
閉店後の売り場をくらべてみたよ！
きょうはどのアクセサリーが売れたのかな？

閉店後

開店前

おきゃくさんが見たときに
商品の場所もいどうしちゃって
いるみたいだね…売れた
アクセサリーは**3つ**らしいよ！

◀ こたえは158ページ

106

第5章 るんるん！でお出かけの なぞなぞ

お家の人としか
お出かけしないから
お友だちとお出かけしたり
商店街でお買いものしたりするの
あこがれるわ♥

かな

そitならいっしょに
商店街に行こうよ！いろんな
お店に連れてってあげるよ★
わたるもヒマならついてきて！
人数は多いほうが
楽しいんだから♪

みこと

それじゃあぼくたちで
かなちゃんに商店街を
あんないしてあげよう！

わたる

お出か・け なぞなぞ
てろんろん！
の

いっしょに出かけよう！

1 買いものかごの中に入っているやさいってなあに？

2 「っ」がまちがえたものってなあに？

お買いものはいいけど置いていかないでよぉー！

ときめき商店

3
地図には
書いてあるのに、
じっさいにはない
道ってなあに?

4
道を曲がるように
おいのりしている
花ってなあに?

1 リンス　2 ドライヤー　3 関取（席とり）
4 ガ（かがみ）

わくわく！ざっか屋さん

①

運動場や
体育館にはなくて、
音のなる「ゴール」って
なぁに？

すてきなざっかが
こんなにたくさん
あるのですね！

おさらを一まい、二まい、三まい…と数えているよ。
数えおわったときなんまいだったかな？

三回ベルを
鳴らしてから
走る乗りものって
なあに？

「ブブブブブ」って
どんなおもちゃかな？

きれいに
色がついていると
あそべないものって
なあに？

ゲームにスポーツ… なにしてあそぶ？

1

目がつかれる
ゲームってなあに？

はんぶん

ぐっ

2

にぎると
半分になってしまう
ものってなあに？

いろんな
あそびが
できるんだって！
どれから
やろうかな？

③ チャイムを鳴らして勝負するのってなあに?

④ あそべるお店のかんばんの一文字がとれてるよ。どの文字かな?

こたえは117ページ

110-111ページのこたえ

 オルゴール　 三輪車(3リン車)　 ぬりえ

 ブロック(ブ6)

まちをたんけん！聞き耳めいろ

スタート

おもちゃ屋さんにつくまでに「キャンキャン」▶「プップー」▶
「ミーンミーン」▶「ガタンゴトン」▶「パチャパチャ」▶
「いらっしゃいませ！」という順に音が聞こえたよ！
どの道を通ったかわかるかな？

すきなマスコットはどれかな？

みことさんが
ほしいぬいぐるみは
どれのこと
かしら…？

心理テスト　まちで人気のジュースがあるよ。どんなとくちょうがあるかな？
❶ いいかおり　❷ 色がきれい　❸ 栄養たっぷり

一番ほしいのは、コアラのとなりにいて、
目の形がまるくて、みずたまもようの服を
着ているぬいぐるみだよ

◀ こたえは159ページ

112-113ページの
こたえ

1 メダル（目だる）ゲーム　　2 ハンドル（半取る）

3 卓球（ピンポン）　　4 G（ゲーム＝GAME）

ほしい本をみつけよう♪

1
本を書く人が
とくいなスポーツって
なぁに？

2
ドアみたいな
子どものための
本ってなぁに？

かなはこういう本が
すきなんだね！
わたしも読んで
みようかな？

心理テストの
けっか
おすすめのリップクリームがわかるよ
1 かおりつき　**2** 色つき　**3** メントール

3 一週間たつと
かならず本屋さんから
なくなる本ってなあに?

4 本を見たヤギが
大きな声で鳴いたよ。
本のどこを
見たのかな?

びようのコツ　ツヤツヤヘアのポイントは、しっかりかわかすこと!
最後は冷風とブラシでととのえよう

お出かけのなぞなぞ

使う文房具を買っておこう

① 切れないはさみってなあに？

② えんぴつにもりんごにもトイレットペーパーにもあるものってなあに？

学校で使うペンのインクがきれるからちょっと買いに行かせてね！

心理テスト

おとなになって、ひとりぐらしをするならどこに住む？
① 公園のそば　② カフェのそば　③ 駅のそば　④ 図書館のそば

120

3

手品がとくいな
文房具ってなあに？

4

きつねが
わたしてくれた
文房具ってなあに？

118-119ページの
こたえ

1 サッカー（作家だから）　2 童話
3 週刊誌　4 題名（大メェ〜）

てろんるん！
お出か・けのなぞなぞ

カフェでひとやすみ♪

1 頭につける「おぼん」ってなぁに？

2 幸運な木ってなぁに？

いっぱい歩いて
つかれたけど
もっとおしゃべり
したいな♥

心理テストのけっか　お出かけにぴったりのくつがわかるよ
❶ スニーカー　❷ バレエシューズ　❸ ミュール　❹ ローファー

122

④
「ささささ ささささ」って なあに？

③
目があるのに ないと言っている ものってなあに？

120-121ページの こたえ

1 せんたくばさみ　　2 しん　　3 マジックペン

4 コンパス

でるんるん！お出かけのなぞなぞ

コスメでおしゃれを楽しもう！

コスメは見た自も
かわいらしくて
すてきですね♪

1
おはだに使う
新しい「えき」って
なあに？

2
どんなにこくても
うすいと言われる
ものってなあに？

3
コスメ売り場に
ある「スター」って
なあに？

ぴようのコツ
かおに日焼け止めをぬるときはおでこ、はな、ほほ、
あごの5かしょから全体にぬり広げると上手にぬれるよ！

124

5

くちびるにふれると
どんどん短くなる
赤いものってなあに？

4

自分の大すきな車の
調子を聞いてくる
コスメってなあに？

6

チクチクする
ものがのびたら
なにになるかな？

8

つめにだけ使う
絵の具ってなあに？

7

メイクを
落とすときに
ほしいと言われる
ものってなあに？

122-123ページの
こたえ

1 リボン　　**2** ラッキー　　**3** メガネ（目がねぇ）

4 さとう（さ10）

お会計がわからなくなっちゃった！

①
なにを買っていけばいいかな？

お母さん

8931と310かってきて

あれれ？
どう計算したらいいんだろう？みんなてつだってくれる？

②
細かくしても使えるけど、やぶいたら使えないものってなあに？

○　×

?

5 口紅　　6 チーク　　7 クレンジング
8 マニキュア

③ 商品を買ったけど
お金をもらえたよ。
なぜかな?

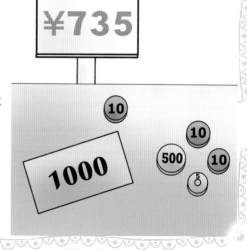

¥735

④ 300円ぴったりの
おつりをもらったよ。
使わなかったお金は
どれかな?

1000

10
10
500 10
5

124-125ページの
こたえ

1 乳液(新しい=ニュー)　2 香水　3 テスター
(ためしに使える見本)　4 アイシャドウ(愛車どう?)

あそぼうね、の やくそく♪

① 良いといわれる わかれのあいさつって なあに？

② 夕方にくれる ものって なあに？

きょうは 楽しかったわ ありがとう！また あそびましょうね♥

おまじない きれいにした5円玉（えんだま）に、赤（あか）いひもを結（むす）んで おサイフに入れるとお金（かね）がたまるよ！

128

③

通るときにはしまって、
通らないときには
あいているものって
なあに？

④

朝と夕方に
焼けてしまう
ものってなあに？

こたえは133ページ

126-127ページの
こたえ

① 白菜、さとう　② お札

③ おつりをもらったから　④ 500円

同じリボンはどれかな？

かなとおそろいのリボンを買おうと
思うんだけど、これとおんなじ
リボンが見つからないの……
だからいっしょにさがしてくれる？

おそろいのリボン
とってもうれしいわ♥
ピンクの水玉もよう…
どこにあるかしら？

こたえは159ページ

第6章 むねキュン！恋のなぞなぞ

こないだいつきくんと
デートに行ったのがとっても
楽しかったの♥だからこんど
しゅんくんもさそって
4人であそびに行こうよ！

なつめ

ゆな

なんでそこでしゅんが
出てくるのよ！しゅんと
わたしはべつに
つき合ってないんだし…
二人で楽しんでおいでよ！

いつき

四人で出かけるの
楽しそうだね！なつめちゃん
せっかくだし計画しようよ！

しゅん

つぎのお休みはダブルデートに行こう

① 出発するときに けいさつがサッカーを しているのは なぜかな？

② 薬に足が 生えたものって なぁに？

いっしょに遊園地⁉
絶対行く！
すっごく楽しみに
してるね♡

④ 家にあって
みんなが見ている、
いつもてれている
ものってなあに?

③ うれしいときに
出てくる
「こぶ」ってなあに?

128-129ページの
こたえ

1 グッバイ（グッ＝good＝良い） 2 日
3 ふみきり 4 空（朝焼け、夕焼け）

むねキュン！恋のなぞなぞ

れんらく先を教えてほしい！

待ち合わせの
ためにれんらく先を
こうかん
しておこうか

①
メールはメールでも、
ペロペロキャンディーを
食べる人の
「メール」ってなあに？

②
メールはメールでも、
貯金をしている人の
「メール」ってなあに？

③
メールはメールでも、
開けっぱなしのドアの
近くにいる人の
「メール」ってなあに？

心理テストの
けっか

前にいるのは、あなたが気になっている男の子
後ろにいるのは、あなたのことが気になってる男の子

131

④
メールはメールでも、
ゆびわをプレゼント
された人の
「メール」ってなあに？

⑤
口をあけて手紙を
のみこんでしまう
はこってなあに？

⑥
手紙に「ら」を書こうと
思ったらふるえちゃったよ。
どんな手紙になったかな？

⑦
けいたいでんわにいる
海の生きものって
なあに？

⑧
メールで、
たった一文字でも
きもちがつたわる
「じ」ってなあに？

◀こたえは138-139ページ

1 出かけるから（デカ＝けいさつ、ける）　**2** やくそく
（やく＝薬、そく＝足）　**3** よろこぶ　**4** テレビ

デートのコーデはどうしよう？

じゅんびをしてても朝はバタバタしちゃう…下の絵にある6このまちがいを見つけてくれる？

136

 ◀ こたえは159ページ

かみがたもかわいくしよ!

① ヘアメイクのときに見（み）つかるおかしってなぁに?

② 頭（あたま）にする注射（ちゅうしゃ）ってなぁに?

かみがたは
どうしよう…
かわいいって
言（い）われたいな♥

③ ねぐせを直してくれる数字ってどれかな?

④ このかみがたってなあに?

134-135ページの
こたえ

1 なめる（なメール）　　2 ためる（たメール）

3 しめる（しメール）　　4 はめる（はメール）

おしゃれにはアクセもかかせない

① うでにつけるのに、うでがじゃまだと言うものってなあに？

② ピンでさす、服についている「ち」ってなあに？

うーん…どのアクセサリーを使おうかな？まよっちゃう！

おばあちゃんが
くわしいのは、
③金のアクセサリーと
銀のアクセサリーの
どっちかな？

④明日になったらする
耳かざりって
なあに？

◀こたえは145ページ

138-139ページの
こたえ

1 あめ　　2 カチューシャ　　3 94（くし）

4 みつあみ（3つあみ）

待ち合わせ場所まであとすこし！

おれたちは
おかし屋さんによって
からふん水公園を
通ってきたぜ

私たちはネコと
あそんでから
まっすぐ遊園地に
向かったよ！

◀ こたえは159ページ

むねキュン！
恋のなぞなぞ

合流できたら遊園地であそぼう！

① 遊園地に入るのはなんえんかな？

② 遊園地でよく見かける「スター」ってなあに？

これで全員集合だな！
はやく遊園地であそぼうぜ！

心理テスト きになる男の子は、どうよばれることが多いかな？
❶ あだ名 ❷ 名字よびすて ❸ 名字＋くん ❹ 下の名前

③
心ぞうが
どきどきするのは
なん曜日と
なん曜日かな？

④
れいぎ正しい人が
持っている
「チケット」って
なあに？

140-141ページの
こたえ

1 うで時計（うで、どけー！）　2 ブローチ　3 銀の
アクセサリー（銀＝シルバー＝知る婆）　4 ピアス（明日）

ぐるぐるコーヒーカップ

① いろいろな食べものが上にのっているけど食べられないものってなあに？

② さわると手がふるえてしまうものってなあに？

③ 中が赤くてまわりが黄色い「イス」ってなあに？

好きなコーヒーカップはどれかな？それに乗ろう！

4

まんなかを持(も)っても、はじっこだと言(い)われるものってなあに？

5

フォークを使(つか)う「ティー」ってなあに？

6

あまい「フエ」ってなあに？

7

レストランで、かならずする「もん」ってなあに？

8

遊園地(ゆうえんち)でくるくる回(まわ)る「ランド」ってなあに？

144-145ページのこたえ

1 入園(にゅうえん)　2 ジェットコースター
3 土曜日(どようび)と金曜日(きんようび)（ド・キン）　4 エチケット

おばけやしきで
急せっきん♡

① 「あなたはゼロだ」と
言われるのって
どんな人かな？

② おびえてる小さい
アルファベットって
なぁに？

すごーい♡
おばけがいっぱい！
いつきくん
こっちこっち！

6 パフェ　　7 注文　　8 メリーゴーランド

148

③ 家の中で一番こわいところってどこかな？

④ おばけやしきでこわいとき、悪いのはだれかな？

146-147ページのこたえ
1 メニュー　2 テーブル（手ぶる）
3 オムライス　4 はし　5 スパゲッティ

149

うれしい！サプライズプレゼント

みんなの分の
おかしを用意したよ
だれともかぶらない
おかしが一つずつある
から、さがしてみてね！

心の心理テスト　気になる男の子に電話をしたよ。
何コール目で出てくれたかな？

150

◀ こたえは159ページ

148-149ページの
こたえ

1 ゆうれい（you 0）　2 y（小ワイ）

3 階段（怪談）　4 きみ（気味が悪い）

そろそろ帰る時間だね

① 心の中にある「もち」ってなぁに？

もう帰りの時間だね…
きょうは楽しかった！
それじゃあまた…

心理テストのけっか　相手との心のきょりがわかるよ！コール数が少ないほど、相手と心のきょりが近いしょうこ♡

152

② 涙がこぼれて
しまいそうな
「しみ」ってなあに?

③ 口をあけて
たくさん出しても
みえないものって
なあに?

④ びっくりする
「6」ってなあに?

 すきな人と話しているところを想像してリップをぬると、
すきな人と話せるチャンスがくるよ!

153

気持ちをつたえて！カップル成立！？

①
いつもだれかのことを
すきになっている
魚ってなぁに？

②
ひそかにすきな人が
できると
重くなるのは
体のどこかな？

きゃー♥
告白大成功だよ！
二人とも
おめでとう♥

おまじない➡ 消しゴムにみどり色のペンで好きな人の名前を
書いて使い切ると、両想いになれるよ♥

154

③
あいがあふれている
動物ってなぁに？

④
人から人へ
「すき」をわたしていく
スポーツってなぁに？

◀こたえは159ページ

152-153ページの
こたえ

1 きもち　2 悲しみ　3 声
4 おどろく

むねキュン！恋のなぞなぞ

伝えたいことはなにかな？

こないだのデートの後なつめちゃんからきたメッセージなんだけど…なんて書いてあるのかいつきわかるか？言葉の計算しきみたいなんだけど…

ん〜？なんだこれ？女子の間ではやってるのか？ゆなにも聞いてみるな！

すぐにわかったよ♥わたしもいつきくんに送ろうかな♪

なつめ

きょうはありがとう！
告白、OKしてもらえてうれしい！
これからよろしく！

こちらこそ、
きょうはありがとう

あのね

きょうはちゃんと
言えなかったけど、
わたしも

大豆 - ゛ ＋き

だよ…今度会ったら、
ちゃんと言うね

◀こたえは159ページ

こたえ

第1章

24-25ページ

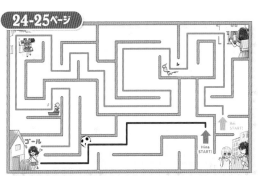

28ページ

❶ したじき　❸ きょうかしょ
❷ ハンカチ　❹ ランドセル

第2章

32-33ページ

52-53ページ

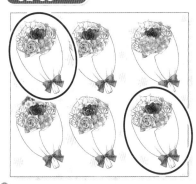

54ページ

❶ だれかにやさしくしてあげると
　良いことがある日
❷ なにか勉強すると良いことがある日
❸ 赤いものを持っていると良いことがある日
❹ だれかをわらわせたら良いことがある日
❺ なにかはじめてのチャレンジをしたら
　良いことがある日
❻ すきな歌を歌うと良いことがある日

76-77ページ

第**3**章
キラキラ！
ものがたり
のなぞなぞ

80ページ

- プリンアラモード
- ショートケーキ
- エクレア

86-87ページ

第**4**章
ドキドキ！
おしごと
のなぞなぞ

106ページ

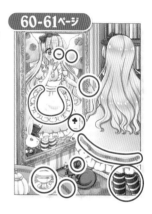

60-61ページ

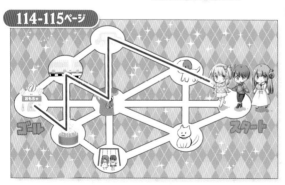

114-115ページ

第**5**章
るんるん！
お出か・け
のなぞなぞ

116-117ページ

130ページ

おそろいのリボン
ぴったりでうれしいネ
ピンクの洋服をきて-
どっちにするかな？

第6章

むねキュン！
恋のなぞなぞ

136-137ページ

142-143ページ

150-151ページ

154-155ページの
こたえ

1 こい
2 肩（片思い）
3 アイアイ
4 駅伝（た「すき」をわたす）

156ページ だいすき

著者

小野寺ぴりり紳　おのでらぴりりしん

1959年生まれ。おもにパズル、クイズ、なぞなぞなどの問題作成を手がける。出題スタッフとして多湖輝氏の『頭の体操』シリーズ（光文社）、ナゾ制作スタッフとしてゲームソフト『レイトン教授』シリーズ（レベルファイブ）にも参加。「小野寺紳」の名で書いた書籍も多い。

〈著書〉

『超スペシャル版 ひっかけクイズ』（ポプラ社）
『天才バカボン バカ田大学なぞなぞ入学試験第1回』（講談社）
『頭のストレッチ 謎解きパズル』（高橋書店）
『いちばんたのしい！ なぞなぞ大集合』（高橋書店）
『みならい魔女のなぞなぞ 魔法のカードをあつめよう』（大泉書店）
『ひらめき大冒険！ 王国のパズル』（PHP研究所）　など多数

トキメキ　かわいい 女の子のなぞなぞ

著　者　小野寺ぴりり紳
発行者　高橋秀雄
編集者　亀井未希
発行所　**株式会社 高橋書店**
　　　　〒170-6014 東京都豊島区東池袋3-1-1 サンシャイン60 14階
　　　　電話　03-5957-7103

ISBN978-4-471-10386-6　©TAKAHASHI SHOTEN　Printed in Japan

本書の内容についてのご質問は「書名、質問事項（ページ、内容）、お客様のご連絡先」を明記のうえ、郵送、FAX、ホームページお問い合わせフォームから小社へお送りください。
回答にはお時間をいただく場合がございます。また、電話によるお問い合わせ、本書の内容を超えたご質問にはお答えできませんので、ご了承ください。
本書に関する正誤等の情報は、小社ホームページもご参照ください。

【内容についての問い合わせ先】
　書　面　〒170-6014 東京都豊島区東池袋3-1-1 サンシャイン60 14階
　　　　　高橋書店編集部
　ＦＡＸ　03-5957-7079
　メール　小社ホームページお問い合わせフォームから　（https://www.takahashishoten.co.jp/）

【不良品についての問い合わせ先】
　ページの順序間違い・抜けなど物理的欠陥がございましたら、電話03-5957-7076へお問い合わせください。ただし、古書店等で購入・入手された商品の交換には一切応じられません。